ÉLOGE

DE

DOM MARLOT

Grand Prieur de l'Abbaye de Saint-Nicaise

HISTORIEN DE REIMS

Prononcé dans la Basilique de Saint-Remi, le 6 Décembre 1891

POUR LE CINQUANTENAIRE DE L'ACADÉMIE DE REIMS

Par Mgr P.-L. PÉCHENARD

Docteur ès-lettres et en Droit canonique
Vice-Président de l'Académie

REIMS

IMPRIMERIE DE L'ACADÉMIE (N. MONCE, Dir.)

24, Rue Pluche, 24

L'Académie de Reims fêtait, le 6 décembre 1891, le cinquantième anniversaire de sa fondation.

Comme souvenir de cette fête, elle avait fait placer dans la basilique de Saint-Remi une inscription sur marbre à la mémoire de Dom Marlot, historien de Reims, et elle avait demandé que l'éloge du savant Bénédictin fut prononcé par l'un de ses membres.

Mgr Péchenard, vice-président de l'Académie, s'acquitta de cette mission dans les termes suivants :

Fons vitæ eruditio possidentis.
L'érudition du vrai savant est une fontaine de vie. *(Prov.,* XVI, 22.)

—

Éminence (1),
Messieurs et chers Confrères (2),

L'Académie de Reims accomplit aujourd'hui sa cinquantième année d'existence. Cinquante ans ! ce serait
déjà une longue vie en tout autre temps : *Longum ævi
spatium,* pourrions-nous dire avec l'historien romain ;
mais ce l'est surtout à notre époque de bouleversement
et d'instabilité.

Durant ce demi-siècle, non seulement l'Académie de
Reims a vécu, mais ce qui est mieux encore, elle n'a ni
vieilli, ni changé ; elle est restée elle-même, fidèle à la
pensée qui la fit naître. Je ne crois pas qu'on lui puisse
adresser de plus bel éloge.

Oui, Messieurs et chers Confrères, l'esprit qui ani-
mait vos vénérables fondateurs n'a cessé de vous animer
vous-mêmes. Vous professez toujours le même respect
des traditions du passé ; toujours vous ressentez la
même ardeur pour les progrès de la science, et surtout

(1) Son Éminence le Cardinal Langénieux, président d'honneur
de l'Académie.

(2) Les Membres de l'Académie, assistant en corps à la céré-
monie, présidés par M. Piéton, président annuel.

vous pratiquez toujours la même urbanité, la même cordialité dans vos rapports mutuels. Aussi bien, s'il était donné à vos devanciers de revivre au milieu de vous, ils y penseraient, n'en doutez pas, et y parleraient à l'aise ; ils s'applaudiraient et du chemin parcouru et des résultats acquis, et, pour tout dire d'un seul mot, ils se retrouveraient chez eux.

Vous avez adopté pour devise deux mots qui sont tout un programme : *Servare et Augere*, garder les trésors du passé et les accroître chaque jour de richesses nouvelles. Ce programme, vous l'avez jusqu'ici rempli aussi fidèlement que le comporte l'action limitée des académies de province, tant par les œuvres sorties de vos mains dans les divers genres du savoir, que par les travaux que vous avez suscités dans vos concours annuels. Vous avez remis en lumière et entouré d'un culte d'honneur les grands noms de notre histoire locale, soit en publiant leurs œuvres inédites, soit en faisant revivre leurs traits sur le bronze et le marbre.

C'est à vous, en effet, que revient l'initiative de la statue du grand Colbert, l'orgueil de cette cité, qui sut conquérir par son mérite un rang si élevé ; c'est à vous qu'est due l'érection, en divers lieux du diocèse, de monuments commémoratifs de nos plus pures gloires littéraires et historiques, des Robert de Sorbon, des Jean Gerson, des Jean Mabillon, des Thierry Ruinart ; c'est à vous qu'appartiendra bientôt l'honneur de décorer le parvis de Notre-Dame de cette statue de Jeanne d'Arc que l'étranger s'étonne de n'y pas voir encore, et que tous nos concitoyens réclament avec une si légitime impatience.

Et voici qu'aujourd'hui vous avez voulu fêter la cinquantième année de votre fondation, en érigeant dans cette église bénédictine une inscription commémorative à la mémoire de l'un de nos concitoyens qui ont le plus mérité de la cité, dom Guillaume Marlot, grand prieur de l'abbaye de Saint-Nicaise, auteur de l'*Histoire de Reims*.

Par ces honneurs publics payés à la vertu et au talent, en même temps que vous rendez service à l'histoire, vous donnez au peuple une leçon salutaire. Il ne serait, en effet, ni juste, ni sûr pour une société, dirons-nous avec saint Grégoire de Nazianze de laisser tomber dans l'oubli les hommes vertueux, alors que tant d'hommes néfastes reçoivent des apothéoses : *Neque pium, neque tutum, cum impiorum hominum vita memoriæ prodatur, eximios pietate viros silentio prætermittere.*

Pour répondre à l'honneur que vous m'avez fait, Messieurs et chers Confrères, en m'invitant à être votre interprète en cette solennité, et pour satisfaire à l'attente de cet auditoire distingué qui vous entoure, je voudrais essayer de retracer devant vous les mérites de ce savant religieux. Sa vie pourrait paraître à quelques-uns bien humble, sans doute, et bien peu mouvementée ; mais sa science, solide et de bon aloi, offrira toujours à ses concitoyens, suivant la parole de l'Esprit Saint, une fontaine de vie intellectuelle : *Fons vitæ eruditio possidentis.*

I

Le musée de notre ville conserve encore l'épitaphe d'un médecin rémois, d'une famille ancienne, Nicaise Marlot, qui était en grand renom de savoir sur la fin du xvie siècle. Aussi ferme dans ses principes religieux que versé dans les connaissances de son art, il prit rang dans la Ligue pour la défense de la foi catholique. Les trois merlettes sur fond d'argent qui formaient son écusson traduisaient en leur muet langage son nom patronymique. De son mariage avec Pérette Bignicourt, issue, elle aussi, d'une lignée bien connue dans les annales de la bourgeoisie rémoise, naquirent trois enfants, une fille et deux fils. La fille donna naissance au Bénédictin dom Simon Champenois, qui écrivit l'histoire de Saint-Nicaise ; l'un des fils perpétua la race paternelle, qui paraît n'être pas encore éteinte ; l'autre fut Guillaume Marlot, celui dont la mémoire nous rassemble aujourd'hui.

Guillaume Marlot naquit en 1596. Sur ses premières années, écoulées au foyer domestique, l'histoire est restée muette. Elle nous apprend seulement que, dès l'âge de treize ans, déjà sollicité par l'amour de la retraite et du silence, il alla frapper à la porte de l'abbaye de Saint-Nicaise, qu'elle s'ouvrit et qu'il y fut admis comme novice.

L'abbaye de Saint-Nicaise, dont on chercherait vainement les ruines, qui, hélas ! ne sont plus : *Etiam periére ruinæ;* Saint-Nicaise, dont le seul souvenir nous émeut, et dont le sort lamentable, comme dit le poète, ferait verser des larmes : *Sunt lacrymæ rerum et mentem mortalia tangunt* (1); Saint-Nicaise était, à cette époque, l'un des premiers ornements de la cité rémoise. Remontant par une série de transformations jusqu'au célèbre préfet Jovin, qui avait consacré ce lieu à la religion, et dont on y conservait pieusement la tombe, elle était aux mains des fils de saint Benoît depuis près de sept siècles.

____

(1) Térence.

Ses abbés occupaient dans la ville un rang d'honneur ;
par ses propriétés et ses droits ecclésiastiques et civils,
elle exerçait au loin son influence, et surtout elle possédait dans son enceinte cette basilique incomparable,
chef-d'œuvre des Libergier et des Robert de Coucy ; cette
basilique, à laquelle nulle autre ne disputa jamais le
prix de l'élégance, qui étalait dans les airs ses formes si
gracieuses, qui resplendissait sous une parure de vi-
traux dus à la munificence de nos plus grands rois, qui
couronnait comme un diadème les neuf églises de cette
colline sacrée, qui dominait, semblable à une reine, tous
les monuments de la ville placés à ses pieds ; cette basilique, enfin, dont la religion et les arts ne cesseront de
déplorer la perte.

Dans le calme de cette retraite enchanteresse, le jeune
Marlot livra son cœur à la piété et son intelligence à
l'étude. L'Université de Reims était alors en pleine flo-
raison. Il en suivit les cours et s'y distingua par de
brillants succès qui lui valurent, de la part de ses maî-
tres, les suffrages les plus flatteurs, et, comme couron-
nement, le laurier de docteur en théologie.

Admis, dès qu'il eut l'âge requis par les saints canons,
à la profession des vœux solennels, il s'enfonça plus
avant dans la solitude du monastère et s'adonna avec
une ardeur croissante au recueillement de l'âme et au
genre d'études qui lui souriait davantage.

Laissez-moi vous faire remarquer ici, Mes chers Frères,
car la sainteté du lieu où je parle et le caractère de mon
héros m'en font un devoir, à quel point de vue Marlot en-
visageait la science. Nous sommes en face d'un religieux,
c'est à dire d'un homme séparé du monde, vivant dans
une sphère d'idées supérieure, et pour qui les maximes
évangéliques sont l'unique règle de sa vie morale.

Ce religieux s'adonne à la poursuite de la science, par attrait naturel sans doute, car l'attrait est déjà une disposition qui vient de Dieu, mais surtout par devoir de conscience et pour obéir à cette parole de l'Esprit Saint : « Les lèvres du prêtre seront les gardiennes de la science et c'est de sa bouche que le peuple viendra apprendre la loi (1). » La science qu'il poursuit dans ses labeurs quotidiens n'est donc pas cette science tout humaine, qui devient souvent un danger pour qui la possède, qui enfle l'esprit, dessèche le cœur, ferme l'âme à la douce onction de l'oraison mentale et fait dédaigner la mortification des passions ; la science qu'il ambitionne est celle que nos Saints Livres recommandent sans cesse, et qu'ils nomment ici la science de l'esprit et la science de l'âme (2), là, la science du salut et la science des saints (3), ailleurs la science du Seigneur et la science de Jésus-Christ (4), la science, en un mot, dont Dieu est tout ensemble le principe, l'objet et la fin.

Plein de ces pensées toutes chrétiennes, dom Marlot se plongea dans l'étude de l'histoire. Chargé du soin de la bibliothèque de l'abbaye, il se mit à fouiller les archives, à déchiffrer les chartes et les diplômes, et à compiler avec méthode et clarté tous les documents historiques qui se rencontraient sous sa main. Peu à peu son esprit aussi élevé que sagace, devenu familier avec les sources de l'histoire civile et ecclésiastique de nos contrées, entrevit la possibilité d'en tirer un ensemble complet et solide, qui pût offrir au public un tableau irrécusable et

---

(1) *Labia sacerdotis custodient scientiam et legem requirent de ore ejus.* (MALACH., II, 7.)

(2) *Eccles.*, XVII, 6 ; *Proverb.*, XIX, 2.

(3) LUC, I, 77 ; *Proverb.*, XXX, 1.

(4) *Philip.*, III, 8 ; ISAÏE, I, 19 ; *Col.*, I, 10.

lumineux des âges passés. Dès lors, son plan était formé.

Dom Marlot venait bien à son heure. Une grande place était à prendre, il allait l'occuper.

A mesure, en effet, que la France reculait ses frontières, Reims échappait peu à peu aux agitations de la vie militaire, et concentrait son activité sur le développement de son industrie et sur ses embellissements intérieurs. Une pléiade d'esprits distingués commençaient, dès lors, à attirer par leurs travaux l'attention de leurs contemporains et à se rendre dignes de la reconnaissance de la postérité. Les deux Coquault écrivaient leurs volumineux mémoires ; Maucroix, le célèbre ami de La Fontaine, se faisait un nom dans la poésie ; P. Rainssant honorait l'art de la médecine ; Colin, Regnesson, Nanteuil excellaient dans la gravure ; Philippe Lallement, Tisserand d'Hélard peignaient des toiles de valeur ; bientôt dom Mabillon et son élève, dom Thierry Ruinart, allaient illustrer par leur profond savoir l'antique abbaye de Saint-Remi. Un historien nous manquait encore ; dom Marlot était prêt pour le devenir.

C'est en effet dans l'histoire que dom Marlot s'est fait un nom. Ses productions historiques forment un ensemble imposant, dont quelques parties sont devenues fort rares, et que la ville de Reims a le bonheur de posséder tout entier.

Il a abordé bien des sujets divers, sur lesquels il nous serait impossible de le suivre ici ; mais soit qu'il revendique les droits de Reims à être la ville des sacres (1), soit qu'il disserte sur les reliques et le tombeau de saint

____

(1) *Le Théâtre d'honneur et de magnificence préparé au sacre des rois.*

Remi (1), soit qu'il retrace les annales des abbayes de Saint-Remi et de Saint-Nicaise (2), partout, dans ces études d'une si haute valeur pour l'histoire locale, le savant bénédictin met en jeu les qualités maîtresses de l'historien, l'exactitude, l'ordre, la clarté, la solidité.

Mais son vrai titre de gloire devant la postérité, c'est sans contredit son *Histoire de Reims* (3), à laquelle il travailla jusqu'à sa dernière heure. Cette œuvre de longue haleine occupe un rang distingué dans l'histoire générale de France, et le premier sans conteste parmi les travaux historiques sur le pays rémois. Elle est devenue aujourd'hui l'indispensable répertoire des érudits. Par la vaste étendue de son sujet, l'abondance de ses recherches et l'élévation de ses vues, dom Marlot laisse loin derrière lui tous ceux qui l'ont précédé ou suivi dans cette voie.

Dirons-nous qu'il ait égalé la profondeur de la critique et du discernement des Mabillon et des Montfaucon ? Non, sans doute ; ce sera toujours le don du petit nombre de voir et si loin et si clair. Mais ce qu'on ne lui contestera pas, c'est le mérite d'être remonté courageusement aux sources, de s'être appuyé sur les textes originaux, et d'avoir ainsi contribué à renouveler l'étude de l'histoire, en la faisant sortir des considérations banales et des lieux communs. La valeur du monument qu'il sut élever, grâce à sa patience dans les investigations, à son souci consciencieux des preuves, à sa discrétion dans ses conclusions, suffit pour démontrer l'excellence de ses prin-

(1) *Le Tombeau du grand saint Remy et l'histoire de ses transla-tions.*

(2) *Monasterii sancti Nicasii remensis initia et ortus. — Histoire de l'abbaye de Saint-Remy,* ms.

(3) *Metropolis Remensis Historia.*

cipes et la sûreté de ses procédés. Si sa méthode de synchronisme semble un peu terre à terre, combien cette imperfection n'est-elle pas rachetée par la netteté et la précision des idées qu'il donne sur chaque époque.

Ai-je besoin d'ailleurs, Messieurs et chers Collègues, de faire appel à une autre appréciation que la vôtre? Ne vous êtes-vous pas prononcés depuis longtemps sur le haut mérite de son œuvre, quand vous avez résolu, pour la mieux faire connaître, de publier l'édition française préparée de sa propre main? Vous avez ainsi ratifié le jugement d'un autre de nos historiens, que « si le titre de Père de l'Histoire de Reims appartient à Flodoard, dom Marlot en est le restaurateur et le propagateur (1) ».

<h1 style="text-align:center">II</h1>

Depuis le jour où, humble novice, il avait été reçu au rang des Frères de Saint-Nicaise, dom Marlot avait passé avec honneur par les différentes charges de l'abbaye et il en était enfin devenu grand prieur.

Lourde charge, Mes chers Frères, que celle de grand prieur d'une abbaye au xviie siècle! charge toute hérissée de difficultés, exigeant du titulaire autant de délicatesse et de tact que de fermeté, et ne lui rapportant le plus souvent en échange que traverses et que luttes. Car le grand prieur était à cette époque l'intermédiaire et comme le trait d'union entre les religieux qui résidaient dans le monastère et l'abbé commendataire qui vivait au dehors ; et, trop souvent, il se voyait dans l'impossi-

____

(1) Lacourt.

bilité de trouver une conciliation entre des intérêts opposés.

Savez-vous, Mes chers Frères, quel était le mal, le mal profond, qui rongeait les abbayes et devait fatalement en amener la décadence et la disparition ? Ce mal, c'était la *Commende,* c'est à dire un système d'administration qui consistait à donner le titre d'abbé, avec les honneurs qui y étaient attachés et les deux tiers des revenus de l'abbaye, à un personnage étranger au monastère, qui n'y résidait point, sinon en passant, et qui, vivant souvent au loin, était plus ou moins soucieux de remplir les charges que lui imposait son titre à l'égard de l'abbaye et de ses habitants. De là, chez les religieux, une désaffection profonde envers un chef qu'ils ne voyaient plus à leur tête pour leur donner l'exemple du renoncement ; de là, le découragement, le relâchement des observances régulières et le dépeuplement des maisons conventuelles.

On a tout dit sur la *Commende* et ses effets désastreux. Mais ce que l'on ne saurait trop rappeler, c'est que ce système avait été imposé à l'Église par le pouvoir séculier. Moins préoccupé de protéger que d'asservir, celui-ci se faisait des dignités ecclésiastiques un moyen d'influence profane, et se servait des revenus créés par la charité des fidèles et par le labeur des moines pour payer des services où la religion n'entrait pour rien, et même pour enrichir des courtisans.

A ce funeste régime, si vous ajoutez les autres causes de décadence tirées des guerres et des troubles civils, vous comprendrez sans peine que les monastères fussent déchus de leur première ferveur.

L'abbaye de Saint-Nicaise n'avait pas échappé plus que les autres à ce fatal dépérissement. Après avoir vécu cinq siècles entiers sous la conduite de ses abbés réguliers, elle était tombée en *commende* en 1530, et, un siècle plus tard, quand dom Marlot prit en mains les fonctions de grand prieur, il avait depuis longtemps constaté et consigné par écrit l'affaiblissement de la régularité primitive (1).

Toutefois, Mes chers Frères, que la sincérité historique dont je me fais un devoir n'aille point vous faire tomber dans un piège, et créer un scandale pour vos âmes. Ah ! ces mots de déchéance, de relâchement, de décadence, on en a trop abusé pour tromper les esprits ignorants. Sans doute ces religieux, victimes d'un système qu'ils n'avaient pas créé, et dont il serait injuste de les rendre responsables, étaient loin de cette parfaite régularité, de cette vie idéale, de cette austérité primitive que leur avaient léguées leurs fondateurs ; mais ils n'en étaient pas moins restés d'une honnêteté de vie, d'une piété, et même d'une austérité telles que les chrétiens de nos jours, ceux même qui posent pour la vertu, regarderaient leur genre de vie comme impraticable pour eux-mêmes.

Grâce à son amour de l'étude, qui avait absorbé tous ses instants, Dom Marlot, qui s'était laissé entraîner lui-même par le cumul si fréquent à cette époque, puisqu'il possédait plusieurs bénéfices à la campagne (2), s'était cependant maintenu dans une grande régularité monastique. Esprit droit et réfléchi, il comprit vers quelle issue glissaient les monastères, et, pour arrêter, autant

(1) Voir son *Journal* manuscrit sur ce qui se pratiquait à Saint-Nicaise avant la réforme.

(2) L'aumônerie d'Hautvillers, la prévôté de Saint-Thierry, la sacristie du prieuré de Tours-sur-Marne.

qu'il dépendait de lui, ce mouvement de décadence, il forma le projet d'introduire la réforme à Saint-Nicaise.

La réforme coulait à pleins bords dans l'Église. Depuis le saint Concile de Trente, qui en avait été le promoteur, il s'était produit partout et particulièrement en France une sorte de rajeunissement des institutions monastiques. Non seulement des saints et des personnages éminents, tels que les Pierre Fourier, les François de Sales, les Bérulle, les Ollier, les Vincent de Paul, les Sainte-Beuve, avaient formé de nouvelles phalanges pour répondre aux besoins nouveaux, mais un souffle bienfaisant de rénovation passait sur tous les ordres anciens. Bénédictins, Cisterciens, Chanoines réguliers, Prémontrés, Franciscains, tous reprenaient à l'envi leurs primitives observances.

Un prieur de Saint-Vannes, à Verdun, Dom Didier de Lacour, s'associant à l'entraînement général, avait introduit dans l'ordre bénédictin la réforme si connue depuis sous le nom de Saint-Vannes en Lorraine et de Saint-Maur en France, et le Siège apostolique l'avait confirmée du poids de son autorité (1).

Dom Marlot suivait d'un œil attentif les progrès de cette réforme, qui pénétrait peu à peu dans les abbayes bénédictines et qui venait d'être introduite dans celle de Saint-Remi, dont la splendide église nous abrite en ce moment. Il se sentait d'ailleurs appuyé par les religieux placés sous sa conduite, qui l'appelaient de tous leurs vœux. Plus d'une fois, ils en avaient conféré en chapitre ; plus d'une fois, ils avaient adressé de pressantes requêtes à leur abbé commendataire, Henry de Lorraine, qui

(1) Sous Grégoire XV, en 1621.

occupait alors le siège archiépiscopal de Reims, et qui avait lui-même encouragé leur pieux dessein.

Enfin, quand il crut l'heure venue, Dom Marlot, par un acte de haute vertu et surtout d'abnégation personnelle, ouvrit à la réforme les deux portes de l'abbaye, et, en 1634, le prieur de Saint-Remi, Dom Columban Regnier, visiteur de la province de Champagne, y entrait avec douze religieux réformés et leur en confiait toutes les charges spirituelles et temporelles.

Par une raison qui nous échappe, ou peut-être simplement entraîné par le goût de ses études, Dom Marlot se borna à rester prieur des anciens religieux, sans s'affilier à la branche nouvelle, et continua son genre de vie laborieux et recueilli, jouissant en paix du bonheur d'avoir ramené dans son abbaye le premier esprit des fils de saint Benoît.

III

Après avoir relevé la règle et raffermi les antiques traditions de Saint-Nicaise, Dom Marlot sut encore en défendre les intérêts temporels avec une intelligence, une suite, un succès qui lui valurent le renom d'un très habile administrateur.

Il classa dans un bel ordre les archives du couvent, il embellit l'église, déjà si brillante, de deux tableaux de prix achetés en Flandre, d'un Van Eyck et d'un Poter, et ne cessa d'enrichir cette bibliothèque qui, depuis, a formé l'un des meilleurs fonds de notre bibliothèque municipale.

Il était tout entier à ces paisibles travaux, et déjà il

sentait approcher la vieillesse, lorsqu'un événement imprévu vint changer son existence et l'appeler au dehors.

Il est à Lille un populeux faubourg, qui retentit jour et nuit du bruit des machines, et qui emprunte à la fumée du charbon un aspect sombre et triste. C'est le quartier de Fives, si connu du monde de l'industrie moderne. Au temps de Dom Marlot, Fives était encore séparé de la grande ville et était aussi calme qu'il est maintenant agité. On y voyait encore couler ce gracieux cours d'eau, connu sous le nom de *Rivière chaude,* qui n'est plus aujourd'hui qu'un fossé boueux d'où s'échappe à peine une légère vapeur. Près de ses bords s'élevait le beau prieuré de Saint-Martin, l'un des huit qui dépendaient de l'abbaye de Saint-Nicaise.

Ce prieuré, dû à la libéralité d'un chanoine de Lille, remontait aux premières années du douzième siècle (1), et, depuis lors, Saint-Nicaise y avait entretenu une colonie de religieux. Uni plus tard (2) à la mense abbatiale et conventuelle, pour échapper à l'abus de la *Commende,* il avait fini, à la faveur des guerres dont la Flandre fut souvent le théâtre, par être occupé et disputé par des possesseurs étrangers et hostiles à la France.

Il s'agissait donc de le sauver, et de le rendre à ses légitimes propriétaires. L'intérêt était grand, mais la tâche difficile. Quel serait, en effet, le feudiste assez patient pour remonter aux sources premières, et interpréter les titres anciens? Quel serait l'avocat assez habile pour dissiper les subtilités de la chicane et faire la

____

(1) A l'an 1104.
(2) En 1420.

lumière devant les juges? Les Bénédictins de Saint-Nicaise, anciens et nouveaux, crurent avoir trouvé l'un et l'autre dans Dom Marlot, et ils ne se trompèrent pas.

Ils le choisirent donc pour protecteur de leur temporel, et lui confièrent la mission d'aller en Flandre soutenir leurs droits, avec le titre de prieur administrateur de Fives.

Malgré le poids des ans, Dom Marlot, fidèle à l'abnégation religieuse, consentit à accomplir ce dur sacrifice. Il quitta cette noble abbaye si pleine de souvenirs et dont il était l'honneur, cette église dont la splendeur donnait tant de charme aux divins offices, cette bibliothèque au sein de laquelle il avait coulé ses jours et dont il avait pénétré tous les secrets, ce cloître enchanteur où il avait sans doute espéré reposer un jour, et il s'exila dans la modeste retraite de Fives, afin de pouvoir défendre les droits de l'abbaye devant les juridictions qui se trouvaient en dehors des frontières françaises.

Il se mit donc à l'étude, compulsa tous les documents avec une infatigable patience, écarta toutes les difficultés, et, après de longs et rudes labeurs, parvint à faire triompher devant la cour de Bruxelles le droit de l'abbaye, qui fut remise en possession désormais incontestée du prieuré de Fives.

Ce fut le dernier service que Dom Marlot rendit aux siens. Le soin qu'il avait pris pendant ses rares loisirs de donner au public la première partie de son *Histoire de Reims* avait épuisé le reste de ses forces, et, parvenu à l'âge de soixante et onze ans, le 7 octobre 1667, il mourut en paix, loin de son berceau, dans son prieuré de Fives, laissant la mémoire d'un saint religieux, d'un homme d'affaires consommé et d'un savant historien.

Sa dépouille mortelle fut déposée dans l'église du

prieuré, au pied du maître-autel, sous une dalle de marbre blanc. Ses confrères, dont il avait gagné l'affection, consignèrent dans une élégante épitaphe ses titres à la reconnaissance publique et les belles qualités qui. avaient fait l'ornement de toute sa vie, l'esprit de religion, le culte de la science et l'intégrité dans les affaires : *Religione, doctrina, probitate conspicuus.*

La faux du temps, hélas ! et le marteau des démolisseurs ont passé par là. Aujourd'hui, l'église de Fives n'est plus, et de cette épitaphe si vraie il ne reste d'autre trace que la copie qu'en ont levée de pieux amateurs du passé.

Quand parvint à Reims la nouvelle de la mort du grand prieur, l'abbaye de Saint-Nicaise s'apprêta à lui payer sa dette de reconnaissance et fit annoncer par la ville un service solennel pour le repos de son âme. Admirable dogme de notre foi, qui, protestant contre le triomphe apparent de la mort et refusant de le croire définitif, nous invite à suivre nos amis au delà du tombeau, et nous permet de leur être utiles encore en payant près de Dieu la rançon de leurs défaillances ! Le Conseil de ville, auquel appartenait Dom Marlot en qualité de grand prieur de Saint-Nicaise, et au sein duquel il avait joué un rôle considérable, tint à honneur de s'associer aux regrets des religieux, et assista en corps aux prières faites pour lui dans l'église de l'abbaye.

Ne vous semble-t-il pas, Mes chers Confrères, que Dom Marlot vous appartienne, à vous aussi, et même à plus d'un titre ? S'il ne fut pas un de vos membres, puisque votre Compagnie n'existait pas alors, il fut vraiment un de vos ancêtres. Oui, les éminentes qualités qui le distinguèrent se retrouvent vivantes au milieu de vous. Il n'est pas jusqu'au genre particulier de ses études qui ne soit comme un trait d'union entre vous et lui ; car tandis que les études plus directement scientifiques cherchent à élire domicile à côté de vous, et à se créer des centres plus spéciaux, vous avez incontestablement retenu dans nos contrées le sceptre des études archéologiques, littéraires et historiques.

C'est sans doute par ce sentiment tout naturel d'attraction intellectuelle et d'affinité morale que vous avez voulu glorifier sa mémoire en cette solennité de votre cinquantenaire, et marcher sur les traces de l'antique Conseil de ville, en assistant en corps à l'inauguration de son monument commémoratif.

N'êtes-vous pas d'ailleurs les vrais héritiers de son œuvre ? Que fut, en effet, Dom Marlot, sinon l'un des ouvriers de cette phalange bénédictine, de ce corps savant, qui a tant fait pour l'histoire de la France et qui nous a appris la méthode, la seule vraie et féconde, de l'étudier avec fruit, en remontant aux sources ? Et cette grande œuvre, violemment interrompue par les perturbations politiques, qui l'a reprise et continuée, sinon les sociétés savantes, depuis l'Académie des Inscriptions et Belles-Lettres, jusqu'aux plus modestes sociétés de province ? Or, de toutes les sociétés de province, l'Académie de Reims est une de celles qui ont apporté le plus de pierres pour la construction de notre édifice historique.

Me permettrez-vous, Messieurs et chers Collègues, d'ajouter un dernier trait de ressemblance ? Dom Marlot et ses doctes confrères personnifient admirablement l'alliance de la raison et de la foi, de la science et de la religion, et l'abritent à l'ombre de leur si douce devise : *Pax !* la paix, la paix ! Alliance merveilleuse, voulue de

Dieu, de qui découlent comme d'une même et unique source toutes les vérités de l'ordre naturel et de l'ordre surnaturel, destinées, dans le plan divin, à se prêter, en s'harmonisant, un mutuel appui ! Ici encore votre Compagnie n'a cessé de perpétuer dans la pratique cette noble tradition bénédictine, en offrant à tous les esprits d'élite qu'elle a su s'attacher un terrain commun où ils ont aimé à se rencontrer dans la sérénité de la paix.

Saluons donc ensemble, Messieurs et chers Collègues, comme l'un de nos ancêtres et de nos modèles, ce pieux et savant bénédictin, dont votre présence unanime consacre pour les siècles le monument commémoratif (1).

Saluons avec lui, dans le sein de Dieu où ils reposent, ceux de nos Membres qui, depuis un demi-siècle, ont quitté cette terre. Promettons-nous à nous-mêmes, en face de leur mémoire, d'être dignes de nos anciens et de rester fidèles à notre devise, en conservant les nobles traditions qu'ils nous ont léguées, et en les transmettant, comme un héritage sacré, à ceux qui viendront après nous.

Voici le texte de l'inscription :

A LA MÉMOIRE DE
DOM GUILLAUME MARLOT
DOCTEUR EN THÉOLOGIE, RELIGIEUX BÉNÉDICTIN
GRAND PRIEUR DE L'ABBAYE DE SAINT-NICAISE
NÉ A REIMS EN 1596, DE NICAISE MARLOT
ET DE PÉRETTE BIGNICOURT
MORT AU PRIEURÉ DE FIVES, PRÈS LILLE
LE 7 OCTOBRE 1667

PLEIN DE FERVEUR POUR LA RÉGULARITÉ
MONASTIQUE
IL FAVORISA LA RÉFORME DE LA CONGRÉGATION
DE SAINT-MAUR
NON MOINS ZÉLÉ POUR LES ANTIQUITÉS DE
SA PATRIE
DOUÉ D'UNE VASTE ÉRUDITION
IL COMPOSA UNE ŒUVRE IMPÉRISSABLE
L'Histoire de la Ville, Cité et Université de Reims
ET PUBLIA ENTRE AUTRES TRAITÉS :
Le Tombeau du grand Saint-Remy, apôtre
tutélaire des Français
DÉJA RECOMMANDABLE PAR SES VERTUS
IL DEVINT PAR SES TRAVAUX LE CONTINUATEUR
DE FLODOARD
ET L'HISTORIEN DE REIMS

Filii, œmulatores estote et mementote operum
patrum
Quæ fecerunt in generationibus suis
(MACHAB. II, 50, 51)

L'ACADÉMIE DE REIMS LUI A ÉLEVÉ CE MONUMENT
L'AN 1891

24842 — Imprimerie de l'Académie (N. MONCE, dir.), rue Pluche, 24, Reims.